NATIONAL
GEOGRAPHIC

Peldaños

¡Cuidado!

¡Aléjate!

PLAGAS MOLESTAS!

por Barbara Keeler

Es de noche y acabas de llegar a casa. Enciendes las luces y ves que algo se mueve en la mesada de la cocina. Son cucarachas, que se están dando un festín con tu pizza. Antes de que puedas detenerlas, los insectos salen corriendo a escondites bajo el fregadero.

Las cucarachas pueden vivir en nuestra casa, pero no son bienvenidas. ¡Son **PLAGAS!**

Muchas plagas, como las cucarachas, se mantienen fuera de la vista.
Las chinches suelen merodear de noche. Otras plagas, como los
ácaros, son muy diminutas. Se necesita un microscopio para verlas.
Incluso si las plagas son difíciles de ver, ¡no queremos que entren en
nuestra casa!

CUCARACHAS

Las cucarachas viven en todo el mundo. Les gusta vivir donde sea que se preparen o almacenen alimentos. Chorrean sustancias pegajosas y dejan gérmenes en los alimentos y objetos en la cocina. Estos gérmenes pueden hacer que las personas se enfermen. Las cucarachas pueden traer sustancias dañinas a una casa. Estas sustancias pueden causar reacciones alérgicas e incluso asma en algunas personas.

Hasta en la casa más limpia puede haber cucarachas. Las cucarachas o sus huevos pueden venir en maletas, bolsas de papel o cajas de cartón. También pueden entrar a través de aberturas alrededor de puertas o tuberías. Luego se sienten como en casa y se multiplican rápidamente.

¿ALGUIEN QUIERE KETCHUP?

El **ciclo de vida** de la cucaracha comienza cuando una hembra pone aproximadamente 30 huevos en un depósito de huevos. Lleva consigo el depósito de huevos hasta justo antes de que los huevos eclosionen. Una cucaracha recién nacida es una **ninfa.** Las ninfas parecen adultos pequeños pero no tienen alas y no se pueden reproducir. Las ninfas pasan por varias etapas antes de convertirse en adultas.

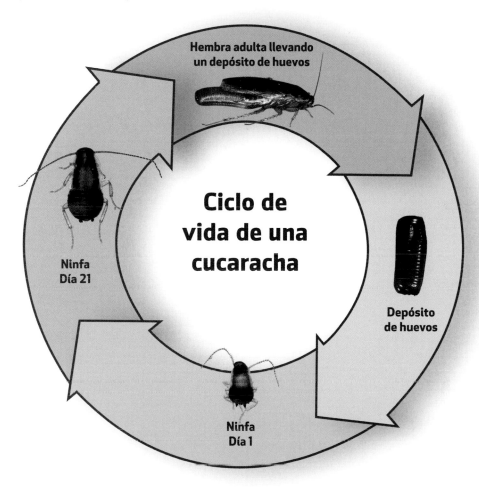

Hembra adulta llevando un depósito de huevos

Ciclo de vida de una cucaracha

Ninfa Día 21

Depósito de huevos

Ninfa Día 1

Sigue los pasos correctos para evitar que las cucarachas se muden a tu casa o para deshacerte de ellas:

• ¡Deja de alimentarlas! Limpia los alimentos derramados, lava los platos y saca la basura. Almacena los alimentos en recipientes herméticos. No dejes afuera el alimento para mascotas durante la noche.

• Mantén todo seco. Arregla las goteras.

• Tira las cajas viejas y las pilas de papel. Coloca tapas ajustadas a los canastos de basura.

ÁCAROS

Criaturas diminutas se arrastran cerca de ti en tu cama. Estos son los ácaros. Los ácaros no necesitan esconderse. Son demasiado pequeños como para verlos sin un microscopio. Los ácaros acechan en el polvo doméstico, la ropa de cama, los muebles y las alfombras. Pueden causar reacciones alérgicas en algunas personas.

A los ácaros les gusta comer escamas de piel muerta. Un ser humano adulto se despoja de casi una onza de escamas de piel muerta por mes. Aproximadamente el 80 por ciento del polvo que flota en el aire son escamas de piel muerta.

Y se pone peor. Cuando una almohada tiene dos años, los ácaros muertos y sus excrementos pueden constituir aproximadamente un décimo de su peso. ¡Y creías que tu almohada estaba llena de plumas!

Estos ácaros viven en una alfombra. Lucen aproximadamente 350 veces más grandes que su tamaño real.

El ciclo de vida de un ácaro es como el de una cucaracha. Una ninfa sale de un huevo. La ninfa muda, o cambia su piel, varias veces mientras crece. Las pieles vacías se suman al polvo en tu casa y los deshechos en tu almohada.

Lavar las almohadas y la ropa de cama con agua caliente mata a los ácaros y elimina sus deshechos. Las fundas de almohadas y los cubrecamas contra ácaros también pueden ayudar a alejarlos.

Los ácaros son parientes cercanos de las arañas. Este ácaro luce 300 veces más grande que su tamaño real.

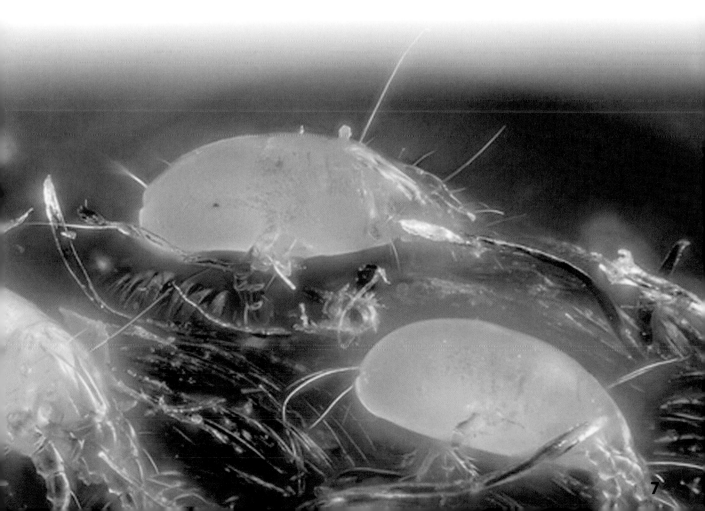

CHINCHES

¡Cuidado con las chinches! Se han estado mudando a casas y hoteles de todos los Estados Unidos. Pero nadie las acoge.

Estas plagas se esconden en las sábanas, las cabeceras, los muebles o las alfombras. De noche salen a comer, ¡y se alimentan de ti! Las chinches se alimentan de sangre humana. Son **parásitos**. Los parásitos viven en otros organismos pero no los ayudan a sobrevivir. Algunas personas son alérgicas a las mordeduras de chinche.

Las chinches son suficientemente grandes como para verlas. Tienen el tamaño de una semilla de manzana, aproximadamente. Se las puede detectar en las camas o los muebles donde viven.

El ciclo de vida de una chinche comienza con un huevo. La ninfa que recién sale del huevo crece alimentándose de sangre. La ninfa muda cuando crece más que su piel. Una chinche puede estar completamente desarrollada en solo tres semanas.

Las chinches tienen cuerpos planos y ovalados.

Es difícil deshacerse de las chinches. Lavar la ropa de cama y las prendas de vestir con agua muy caliente las matará. Las sábanas con chinches se deben envolver con una funda sellada por al menos un año. Un profesional puede usar venenos para deshacerse de las chinches.

Luego, como dice el dicho: "Buenas noches. Que duermas bien. Que no te muerdan las chinches".

Las chinches usan su boca larga para comer sangre.

No alimentada   Alimentada

Antes de comer, las chinches parecen pálidas. Después de una comida son de color rojo oscuro.

PIOJOS

Las chinches son un problema, pero los piojos son aún peores. Como las chinches, los piojos son parásitos que se alimentan de sangre humana. Necesitan sangre varias veces por día. Los piojos viven en el cuerpo humano, generalmente en el pelo que está cerca del cuero cabelludo. Su mordida puede hacer que nos pique la cabeza.

¿Qué aspecto tienen los piojos? Un adulto tiene el tamaño de una semilla de sésamo, aproximadamente. Tiene seis patas. Es blanco grisáceo o color café.

Los piojos ponen sus huevos, o **liendres,** en hebras de cabello. Como las chinches, los piojos salen del huevo en forma de ninfas. Después de mudar tres veces, las ninfas se convierten en adultos.

> Este piojo luce aproximadamente 60 veces más grande que su tamaño real.

Los piojos se mueven arrastrándose. Generalmente los piojos se contagian cuando se toca el cabello de alguien que tiene piojos. También se contagian cuando se comparten sombreros u otra prenda de vestir.

Para evitar tener piojos, no compartas peines o sombreros. Si tienes piojos, el champú medicinal los puede matar. También debes usar un peine de metal para sacar las liendres.

Las plagas se pueden arrastrar en tus alimentos, acechar en tu habitación o vivir en tu cabeza. ¡Estas plagas diminutas se deben mantener fuera de la casa!

∨ **Los piojos ponen sus huevos en el cabello humano.**

Compruébalo ¿Cuáles son algunas cosas que puedes hacer para mantener estas plagas fuera de tu casa?

¡Cuidado con las

por Julia Osborne

¿Qué es ese insecto con grandes ojos negros? Es una avispa, que vuela justo hacia ti. ¡Cuidado, puede picarte!

Las avispas son insectos con cuerpo delgado y cintura angosta. Están emparentadas con las abejas y las hormigas. Hay miles de especies de avispas. Las más conocidas son las avispas con aguijón, como los avispones y las avispas amarillas. Las hembras de estas avispas pueden picar más de una vez.

Algunas personas son alérgicas a las picaduras de avispas. Pueden necesitar cuidados médicos si reciben una picadura.

avispas!

Las avispas pueden ser peligrosas cuando se sienten amenazadas. Su cuerpo emite una sustancia química que alerta a otros miembros de su colonia. ¡Pronto podrías estar rodeado de avispas enojadas!

La mayoría de las avispas no pican a las personas. Se alimentan de orugas y otros insectos. Ayudan a los granjeros porque matan insectos que dañan los cultivos.

Muchas avispas son solitarias. Pero los avispones y las avispas amarillas viven en comunidades organizadas llamadas colonias. Cada avispa de una colonia tiene uno o más trabajos que ayudan a que la colonia sobreviva.

El nido grande de papel del avispón cariblanco parece una pelota de fútbol americano.

Avispones
cariblancos

Puedes ver un nido de avispones cariblancos adherido a un árbol o a un edificio. ¡ALÉJATE DE ÉL! Si amenazas su hogar, cientos de avispones te pueden picar.

Una sola reina funda cada colonia de avispones. Después de aparearse, la reina trabaja mucho para construir un nido con unas cuantas celdas pequeñas. Pone un huevo dentro de cada celda.

Dentro de un nido hay celdas de papel. Las celdas contienen larvas y crisálidas.

Cuando los huevos eclosionan, los avispones jóvenes no se parecen a la reina. Los avispones jóvenes se llaman larvas. Una **larva** es un insecto que recientemente salió del huevo. Una larva se parece a una lombriz gorda. La reina alimenta a cada larva hasta que es suficientemente grande para formar una **crisálida.** Mientras que es una crisálida, el avispón joven cambia y se convierte en un avispón adulto.

La mayoría de los avispones adultos son obreros. Los obreros son avispas hembras que no se pueden reproducir. Los obreros hacen todo el trabajo de la reina excepto poner huevos. Agrandan el nido, buscan alimento, cuidan a las larvas y defienden la colonia. Los días de trabajo de la reina se terminaron.

Avispón cariblanco obrero

15

Avispas amarillas

Estás de picnic. No puedes esperar para comer una hamburguesa y sandía. Pero hay insectos de color negro y amarillo que vuelan sobre tu limonada. ¿Por qué aterrizan sobre tus alimentos, especialmente los dulces?

Parecen abejas, pero son avispas amarillas. Las avispas amarillas se suelen confundir con las abejas por su tamaño y color.

Las avispas amarillas comen diferentes tipos de alimentos en cada etapa de su vida. Alimentan a sus larvas con una papilla de insectos masticados. Las avispas amarillas adultas se alimentan de néctar de flores y otros líquidos dulces. ¡A veces incluso roban miel de las colmenas!

¿Avispa amarilla o abeja?

Avispas amarillas
- tienen rayas prominentes y brillantes
- pueden picar muchas veces

Abejas
- tienen rayas menos definidas
- pueden picar solo una vez

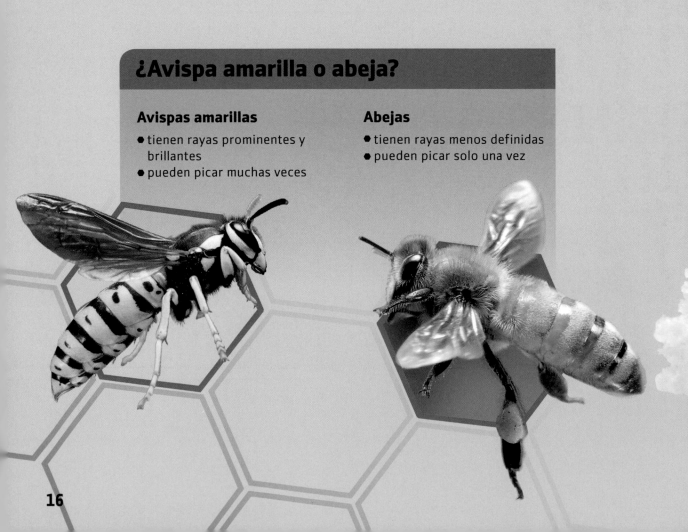

Las avispas amarillas tienen una dieta variada. Les gustan algunos alimentos humanos, como las frutas, las bebidas dulces o incluso las hamburguesas. Por eso pueden ser plagas tan molestas en los picnics.

Para protegerte en un picnic, mantén tapados los alimentos. Si una avispa amarilla se acerca, no la espantes con las manos. Los movimientos rápidos pueden amenazarla y hacer que pique.

Los nidos de las avispas pueden estar ocultos en el césped, así que no vayas descalzo. Evita usar productos con aroma y ropas brillantes. ¡Recuerda que quieres alejar a las avispas!

Nadie quiere a las avispas en un picnic. Pero las avispas amarillas se invitan solas.

Compruébalo Describe el ciclo de vida de una avispa obrera.

PLANTAS VENENOSAS

por Barbara Keeler

Muchas plantas silvestres son bellas. Pero ten cuidado. Algunas son peligrosas. Tres plantas peligrosas son el roble venenoso, la hiedra venenosa y el zumaque venenoso. Sus hojas, flores y tallos contienen un aceite llamado **urushiol**. Puede producir sarpullido y ampollas en la piel. Si ves estas plantas, ¡NO LAS TOQUES!

El roble venenoso crece en gran parte del oeste y el sudeste de Norteamérica.

0   500   1,000 Millas
0   500   1,000 Kilómetros

ROBLE VENENOSO

¿Haz oído que no hay que acercarse a las "hojas triples"? Es un buen consejo. Cada hoja de roble venenoso está compuesta por tres hojitas. La planta generalmente crece como arbusto o enredadera.

Las hojitas del roble venenoso tienen extremos redondeados. La planta tiene flores blancas.

A las cabras les gusta comer roble venenoso. A veces, se usan las cabras para acabar con estas plantas.

HIEDRA VENENOSA

La hiedra venenosa suele crecer junto a los caminos, a las márgenes de los ríos y a los senderos para caminar. Puede crecer como planta baja, como arbusto o como larga enredadera. Todas las plantas de hiedra venenosa contienen urushiol. Nunca toques una hiedra venenosa, ¡no importa la forma que tenga!

La hiedra venenosa tiene flores blancas que se convierten en frutos con semillas adentro. Las aves se comen los frutos y ayudan a esparcir las semillas. Plantas nuevas crecen de las semillas o de tallos subterráneos.

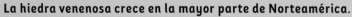
La hiedra venenosa crece en la mayor parte de Norteamérica.

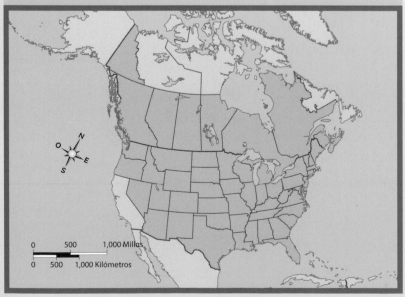

0   500   1,000 Millas

0   500   1,000 Kilómetros

QUE NO TE ENGAÑE

∨ Cada hoja brillante de hiedra venenosa está compuesta por tres hojitas. El extremo de cada hojita es puntiagudo.

∧ La hiedra venenosa puede crecer como planta baja, arbusto o enredadera trepadora.

∧ En otoño las hojas de la hiedra venenosa se pueden poner rojas.

∨ La hiedra venenosa no es del todo mala. Los insectos, los ciervos y los mapaches se comen sus hojas. Más de 60 especies de aves se comen sus frutos. Su aceite no afecta a la mayoría de los animales silvestres.

∧ En invierno la hiedra venenosa solo tiene tallos desnudos, pero incluso los tallos contienen urushiol.

ZUMAQUE VENENOSO

El zumaque venenoso crece como árbol pequeño o arbusto leñoso. Sus hojas se ponen de colores brillantes en otoño. Pero no las toques. Esas hojas tienen más urushiol que el roble venenoso o la hiedra venenosa. Algunos científicos dicen que el zumaque venenoso puede causar un sarpullido más intenso que las otras dos plantas.

> Cada hoja de zumaque venenoso tiene de siete a trece hojitas. Las hojitas crecen en pares. Hay una hojita en el extremo. La planta tiene flores blancas y frutos.

El zumaque venenoso crece en lugares húmedos del este y el sur de Norteamérica.

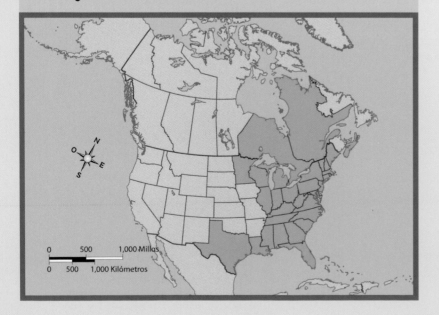

0   500   1,000 Millas

0   500   1,000 Kilómetros

TEN CUIDADO con las plantas venenosas cuando estés al aire libre. ¡ALÉJATE si las ves!

Picazón intensa

Sarpullido rojo veteado

Protuberancias rojas o ampollas grandes

PREVENIR EL SARPULLIDO

Aprende a identificar las plantas venenosas.

Usa mangas, pantalones y medias largas en áreas donde puedan crecer estas plantas.

Pide a un adulto que se deshaga de estas plantas si están cerca de tu casa.

No quemes las plantas ni inhales su humo.

No toques a mascotas cuyo pelaje haya tocado estas plantas.

Lávate con jabón y agua dentro de los 5 a 10 minutos después de tocar estas plantas.

Lava todo lo que haya tocado las plantas. El aceite permanece activo por mucho tiempo.

Compruébalo   ¿En qué se parecen el roble venenoso, la hiedra venenosa y el zumaque venenoso?

Comenta

1. El título de este libro es *¡Cuidado! ¡Aléjate!* ¿Cómo se conecta este título con las tres lecturas de este libro?

2. Compara el ciclo de vida de un avispón obrero con el ciclo de vida de una cucaracha. ¿En qué se parecen y en qué se diferencian?

3. Explica cómo crece una colonia de avispones cariblancos. ¿Qué hace la reina? ¿Qué hacen los obreros?

4. Piensa en cómo crece la hiedra venenosa. Describe dos maneras en las que una nueva planta puede comenzar a crecer.

5. ¿Qué te sigues preguntando sobre las plantas y los animales de este libro? ¿Cuál sería una buena manera de saber más sobre ellos?